BEI GRIN MACHT SICH IHR WISSEN BEZAHLT

Fragebogenkonzeption, Vor- und Nachteile von Befragungen und der Mann-Whitney U-Test. Eine Übersicht

Bibliografische Information der Deutschen Nationalbibliothek:

Die Deutsche Nationalbibliothek verzeichnet diese Publikation in der Deutschen Nationalbibliografie; detaillierte bibliografische Daten sind im Internet über http://dnb.d-nb.de abrufbar.

ISBN: 9783346730572
Dieses Buch ist auch als E-Book erhältlich.

© GRIN Publishing GmbH
Nymphenburger Straße 86
80636 München

Druck und Bindung: Books on Demand GmbH, Norderstedt Germany
Gedruckt auf säurefreiem Papier aus verantwortungsvollen Quellen

Das vorliegende Werk wurde sorgfältig erarbeitet. Dennoch übernehmen Autoren und Verlag für die Richtigkeit von Angaben, Hinweisen, Links und Ratschlägen sowie eventuelle Druckfehler keine Haftung.

Das Buch bei GRIN: https://www.grin.com/document/1273725

Einsendeaufgaben

A1-A3

Alternative A- Wissenschaftliches Arbeiten: Vertiefung II/ quantitative Verfahren

abgegeben am 19.03.2018

SRH Fernhochschule

Modul: Wissenschaftliches Arbeiten: Vertiefung II/ Quantitative Verfahren

Studiengang: B. Sc. Psychologie

Inhaltsverzeichnis

A1- Teilaufgabe

1.1 Konzeption und Kriterien eines Fragebogens

Im Folgenden werden die Konzeption und die Kriterien eines quantitativen schriftlichen Fragebogens zum Thema „Messung der Reputation eines Unternehmens" erläutert. Der dazu entwickelte Fragebogen kann, unter Anlage 2, eingesehen, und zur Befragung ausgewählter Probanden, postalisch oder per Email, eingesetzt werden.

Allgemein lassen sich Befragungen hinsichtlich ihres Standardisierungsgrades einteilen. Die Abläufe eines Fragebogens können vollstandardisiert, teilstandardisiert und nichtstandardisiert sein. Diese Standardisierungen können sich auf die Antwortmöglichkeiten, die Reihenfolge der Fragen und die Befragungssituation sowie auf die Formulierung der Fragen beziehen.

Allgemein lassen sich die Bestandteile eines Fragebogens nach Porst (2014, S.31) wie folgt gliedern:
- Deckblatt mit Titel
- Thema / Befragungsziel
- Erläuterung des Fragebogenaufbaus
- Hinweise zur Datenverwertung und vertrauliche Aspekte
- Ansprechpartner für Rückfragen/ Hinweis auf mögliche Anreize/ Verlosung
- Hauptteil mit Fragen
- Danksagung/ Verabschiedung

Ebenso kann die Art der Kommunikation, beispielsweise telefonisch, mündlich-persönlich (Face-to-Face), schriftlich (Paper- Pencil- Vorgabe) oder elektronisch (online) erfolgen. Es ist sehr wichtig diese Faktoren zu beachten, falls Daten miteinander verglichen werden sollen, da die unterschiedlichen Varianten der Befragung immer Einfluss auf die Ergebnisse haben (Raab- Steiner & Benesch, 2015, S.49). In der quantitativen Forschung werden meist strukturierte und standardisierte schriftliche Befragungen, in Form von geschlossenen Fragen und vorgegebenen Antwortmöglichkeiten, für die Datenerhebung verwendet (Eid, Gollwitz & Schmitt, 2017, S.59).

In der vorliegenden Arbeit findet ein vollstandardisierter Fragebogen Anwendung. Es werden keine offenen, sondern nur geschlossene Fragen und festgelegte Antwortkategorien genutzt. Der Vorteil liegt in der besseren Vergleichbarkeit der Daten, der höheren Durchführungsobjektivität und im geringeren Zeit- und Auswertungsaufwand (Raithel, 2008, S.68).

Für die Antwortkategorien wurden gerade und verbale Ratingskalen gewählt, auch Likert- Skalen bezeichnet, die mehr als zwei abgestufte Antworten ermöglichen und einen höheren und konkreteren Informationsgehalt liefern (Raab- Steiner & Benesch, 2015, S.58). Durch die Verwendung von geraden Skalen sind die Befragten gezwungen Position zu beziehen. Die Antworten lassen sich dichotomisieren, da eher eine Tendenz für Zustimmung oder Ablehnung abgegeben wird. Somit entfällt die unterstellte Neigung zur Mitte völlig und wird ersetzt durch die Möglichkeit mit „ich weiß nicht" zu antworten (Raithel, 2008, S.69). Auch Raab- Steiner und Benesch (2015, S.60) geben an, dass „die Verwendung von Mittelkategorien einen ungünstigen Einfluss auf den Informationsgehalt eines Fragebogens" haben können. Die „ich weiß nicht" Kategorie bietet auch den Vorteil, dass die Fragen meist alle ausgefüllt werden und der Befragte nicht zu einer substantiellen Antwort gezwungen wird (Raithel, 2008, S.74). Allgemein wurde darauf geachtet nicht so viele verschiedene Antwortformate zu verwenden, da dies ständiges Umdenken der Teilnehmer erfordert (Bortz & Döring, 2016, S.407).

Der vorliegende Fragebogen informiert zu Beginn mit einem ansprechenden Deckblatt über das Thema der Untersuchung und nennt den Auftraggeber sowie die Durchführungsinstitution. Es folgt ein ansprechendes Anschreiben, das den Probanden über die Studie informiert und auf die vertrauliche Behandlung der Daten hinweist, den Einsendeschluss sowie einen Ansprechpartner bei Rückfragen angibt. Der Fragebogen beginnt mit einer kurzen Übersicht, via Schaukasten, mit stichpunkthaltigen Informationen über den Aufbau, Ablauf, Dauer und Rücksendedatum. Der Einstieg beginnt mit einer „Eisbrecherfrage" (vgl. Raab-Steiner & Benesch, 2015, S.56), um das Thema einzuleiten. Die Frage bezieht sich auf die Kontakthäufigkeit mit dem Unternehmen, die nicht Teil des Modells von Schwaiger (2004) ist, dennoch einen Informationsgehalt bei der späteren Auswertung liefern kann. Der Fragebogen ist übersichtlich strukturiert und einfach gestaltet und hat ein ansprechendes Layout.

Die Reihenfolge der Fragen „ist in der Regel so zu wählen, dass die Fragenanordnung vom *Allgemeinen zum Besonderen* verläuft." (vgl. Raithel, 2008, S.76). In der vorliegenden Arbeit wurde die Reihenfolge der Dimensionen so belassen und es wurde keine Platzierung von „wichtig oder unwichtig" vorgenommen. Innerhalb einzelner Dimensionen wurden Items ergänzt oder gesplittet, um mehr Informationen zu erhalten. In Dimension „Attraktivität" bzw. Teil B wurde ein Item „Lohn- und Leistungssystem" ergänzt und in Dimension bzw. Teil C wurde der Item „Qualität Produkt/Service" in zwei Fragen ausformuliert und getrennt. Die Befragung schließt mit einer Frage über die persönliche Einschätzung der Probanden zur Reputation des Unternehmens ab, die ebenso kein Bestandteil des Modells von Schwaiger (2004) ist, jedoch einen zusätzlichen Informationsgehalt bei der Auswertung bieten kann. Um der Ja-Sage-Tendenz zu entgegnen wird empfohlen manche Items negativ umzuformulieren, um zu erkennen, ob die Teilnehmer zu Akquieszenz neigen (Raab- Steiner & Benesch, 2015, S.66). Daher wurde bei Frage 14 die Items B und D sowie bei Frage 15 die Items B und D negativ umformuliert.

Allgemein sind die Frageformulierungen leicht, einfach und verständlich gehalten. Es wird keine Suggestivfrage verwendet und die Fragen sind inhaltlich zusammenhängend in Blöcken gegliedert und sehr übersichtlich. Durch diverse Hinweise wird die Beantwortung und Vorgehensweise genau erläutert und soll den Probanden bei der Bearbeitung unterstützen, da kein direktes Nachfragen oder eine persönliche Betreuung durch einen Interviewer erfolgt. Ebenso wurde auf kurze und prägnante Items geachtet, die jeweils nur einen Sachverhalt abfragen (Raab- Steiner & Benesch, 2015, S.56). Sogenannte Filterfragen fanden bei den Fragen 7 und 8 in der Dimension „Attraktivität" Anwendung, da diese teilweise nicht für Mitarbeiter zu bewerten sind. Die personenbezogenen und sozialstatistischen Daten werden am Ende des Fragebogens gestellt, um nicht mit der „Tür ins Haus zu fallen" und den Probanden gleich abzuschrecken. Es stellte sich heraus, das Befragte meist offener für persönliche Angaben sind, wenn sie sich ein Bild über den Inhalt der Erhebung gemacht haben (Raithel, 2008, S.76). Der Fragebogen endet mit einer kurzen Danksagung und lässt Raum für Anregung oder Kritik und gibt den Befragten die Möglichkeit bei Interesse ihre Emailadresse zu hinterlassen, um über die Studienergebnisse informiert zu werden, dass auch als Anreiz zur Teilnahme an der Befragung gesehen werden kann.

1.2 Vorgehen der empirischen Untersuchung

Vor Beginn der empirischen Untersuchung und der Konzeptionierung des Fragebogens wird der Untersuchungsgegenstand näher betrachtet und das Forschungsthema gezielt festgelegt sowie die Hypothesen formuliert. Dem Grundsatz jeder wissenschaftlichen Studie folgend, muss das quantitative Untersuchungsdesign, nach Bortz und Döring (2016, S.93), alle Phasen des Forschungsprozesses dokumentieren und die Untersuchung für Dritte nachvollziehbar machen und auch die Güte nicht vernachlässigen.

Das Modell zur Reputationsmessung von Schwaiger (2004) ist kein messbares Konstrukt und muss deshalb operationalisiert werden. Dazu werden die einzelnen Dimensionen auf sogenannte messbare Indikatoren „heruntergebrochen", woraus final die Fragen für den Fragebogen formuliert werden, um die Stärken und Schwächen des Unternehmens in den einzelnen Dimensionen sichtbar zu machen (Liehr, Peters & Zerfaß, 2009, S.5). Nachfolgend werden die Inhalte der Dimensionen, die sogenannten Werttreiber, des Modells von Schwaiger (2004) erläutert:

Dimension: *Verantwortung* misst inwiefern das Unternehmen sich auf den Umgang mit Verantwortungsaspekten konzentriert und Attribute wie Loyalität, Umweltbewusstsein und Wettbewerbsfähigkeit handhabt.

Dimension: *Attraktivität* misst inwiefern das Unternehmen ein Anreiz als Arbeitgeber darstellt und ob es sich mit einem kompetenten Personal am

Arbeitsmarkt etabliert sowie ein ansprechendes Arbeitsumfeld und Erscheinungsbild bietet.

Dimension: *Qualität* misst inwiefern das Unternehmen gute Produkte anbietet und ob der Service qualitativ ist. Ebenso wird nach einem fairen Preis-Leistungsverhältnis gefragt und ob beispielsweise Kundenwünsche Beachtung finden oder das Unternehmen als verlässlicher Geschäftspartner wahrgenommen wird.

Dimension: *Performance* misst inwieweit das Unternehmen sich am Markt gut positioniert hat und wie es beispielsweise durch stabile Wirtschaftlichkeit oder gute Führung sowie Wachstum und Innovation wahrgenommen wird.

Die quantitative Studie untersucht die Reputation der Unternehmensgruppe XX GmbH in Daun im Geschäftsjahr 2017. Bei dem Unternehmen handelt es sich um ein Automobilevertrieb mit bekannten Automarken, wie beispielsweise Volkswagen, Audi, Seat und Skoda. Die Unternehmensgruppe hat derzeit 13 Standorte und 32 Automobilevertriebsstätten, wonach bei dieser Untersuchung nur die Reputation der Zweigstelle in der Stadt „Daun" abgebildet wird. Nach aktuellen Zahlen beschäftigte das Unternehmen 42 Mitarbeiter, hatte 4256 Kunden und arbeitete mit 37 Lieferanten im Geschäftsjahr 2017 zusammen.

Für die Untersuchung wurden folgende Stakeholdergruppen ausgewählt: Kunden, Mitarbeiter und Lieferanten von XX GmbH im Jahr 2017.
Der Grund für die Auswahl dieser drei Stakeholder wird im Folgenden erläutert: Die Kunden sind alle weiblichen und männlichen Personen, zwischen 18-99 Jahren, die mindestens einmal Kontakt mit dem Unternehmen im Jahr 2017 hatten. Sie wurden als wichtige Stakeholdergruppe gewählt, da sie durch ihren externen Kontakt mit XX GmbH besonders gut ihre Erfahrungen mit dem Service, über die Produktqualität, die Mitarbeiterbeurteilung und über das Preis-Leistungsverhältnis abgeben können. Die Mitarbeiter sind alle weiblichen und männlichen Personen, zwischen 18-67 Jahre und wurden als Stakeholder ausgesucht, da sie in direktem Kontakt mit dem Unternehmen stehen und somit gut die Ebene der beruflichen Attraktivität, das Lohn- und Leistungssystem sowie

die Unternehmensphilosophie bewerten können. Hingegen die Lieferanten alle Dienstleister, wie z.B. Reifenhersteller, Büroartikellieferanten, Polsterer, Mietwagenservice, Ersatzteiledienste, Ölvertrieb usw., darstellen und durch ihren externen Kontakt mit dem Unternehmen gut die wirtschaftliche Situation, geschäftliche Abläufe und Prozesse sowie vertragliche Beziehungen beurteilen können. Die Auswahl dieser drei wichtigen Stakeholdergruppen sollte die Unternehmensreputation in allen Dimensionen realistisch abbilden. Daher versteht sich „das Modell von Schwaiger (2004) auch als Multi- Stakeholder-Konstrukt" (vgl. Bürker, 2013, S.372).

Im nächsten Schritt muss die Stichprobe für die Studie so ausgewählt werden, dass sie möglichst repräsentativ auf die Grundgesamtheit ist (vgl. Atteslander, 2010, S.273). Eine Vollerhebung ist aus forschungsökonomischen Gründen durch erheblichen Zeit- und Kostenaufwand, nicht realistisch. Daher wird mithilfe einer Stichprobe auf die „Miniatur- Abbildung" der Grundgesamtheit durch die drei ausgewählten Stakeholder zurückgegriffen (Bortz & Schuster, 2010, S.80). Seemann (2008, S.67) empfiehlt für die Fallauswahl das geschichtete Sampling in der Befragung zu wählen, da die Vielseitigkeit der Stakeholder durch diese Methode gut abgedeckt wird. Die Führungsebene und Praktikanten werden bei der Fallauswahl nicht berücksichtigt und im Voraus schon aussondiert, da die Chefetage die Tendenz zur positiven Wertung haben könnte und Praktikanten nicht ausreichend mit dem Unternehmen vertraut sind.

Allgemein arbeiten die quantitativen Studien mit deutlich größeren Stichprobenumfängen als die qualitativen Studien und „liegen meist im drei- oder vierstelligen Bereich oder noch höher." (vgl. Bortz & Döring, 2016, S.305). Da, laut Bortz und Döring (2016, S.412), die Rücklaufquote zwischen 5-40% liegt und in dieser Studie von einer 25%igen Response- Rate ausgegangen wird, sollte das Mindestmaß bei brutto 400 Fragebögen liegen, um mit mindestens 100 ausgefüllten Antworten eine statistische Auswertung durchführen zu können. Für die vorliegende Arbeit wurde somit eine Stichprobengröße mit insgesamt 400 Befragten gewählt, die durch eine zufällige Ziehung aus der Unternehmensdatenbank des Geschäftsjahres 2017 gezogen wird, wo Kunden-, Mitarbeiter und Lieferanten gespeichert sind.

Bevor der Fragebogen in der Hauptuntersuchung eingesetzt werden kann, wurde er der sogenannten „Tauglichkeitsprüfung", einem Pretest, unterzogen, um zu testen, inwieweit die Hypothesenprüfung durchführbar ist (Atteslander, 2010, S.295). Der Ablauf des Fragebogens wurde mit einer kleinen Teilmenge aus der Zielpopulation unter Realbedingungen simuliert, um Mängel zu identifizieren (Bortz & Döring, 2016, S.405). Danach wurde der Fragebogen überarbeitet und befindet sich aktuell in einem optimierten Zustand.

1.3 Beschreibung des Befragungsablaufes

Die Befragung erfolgte im Zeitraum von 10.01.2018 bis 10.02.2018. Die Befragungsunterlagen wurden postalisch an alle Probanden am 07.01.2018 versendet, so dass sie diese bis 10.01.2018 erhalten haben müssten, wenn von einem dreitägigen Postweg ausgegangen wird. Der Inhalt der Briefsendung enthielt den kompletten Fragebogen inkl. Deckblatt und Anschreiben sowie einen frankierten Rückumschlag für die kostenfreie Rücksendung. Die Probanden hatten vier Wochen Zeit, um den Fragebogen auszufüllen und ihn bis spätestens 15.02.2018 zurückzuschicken. Der Rücklauf der Einsendungen wird protokolliert und kontrolliert. Nach einer kurzen Wartezeit, um Nachzüglern noch eine Chance zu geben, werden alle fehlenden Einsendungen mittels Nachfassaktion versucht zu rekrutieren, um die Rücklaufquote zu verbessern. Die Nachfassaktion erfolgt in Form eines höflichen Erinnerungsschreibens und räumt nochmal eine 14-tägige Frist zur Beantwortung ein. Nachdem alle Rücksendefristen verstrichen sind, wird mit der sorgfältigen Datenaufbereitung begonnen, um eine etwaige Gewichtung des Datensatzes vorzunehmen oder fehlende Werte zu kompensieren (Bortz & Döring, 2016, S.405). Mittels eines statistischen Softwareprogramms (z.B. SPSS) werden die Daten erfasst und ausgewertet. Die Ergebnisse werden dann im Zusammenhang auf die Untersuchungsfrage analysiert und dem Auftraggeber in einem Forschungsbericht dargestellt und erläutert.

A2 – Teilaufgabe

2.1 Vor- und Nachteile von schriftlichen Befragungen

Wie viele wissenschaftliche Erhebungsmethoden, besitzt auch der schriftliche Fragebogen gewisse Vor- und Nachteile.

Nach Eid, Gollwitzer und Schmitt (2017, S.60) ermöglicht die schriftliche Befragungsmethode durch den hohen Standardisierungsgrad, wie beispielsweise vorgegebene Antwortskalierungen, eine hohe Durchführungsobjektivität sowie eine gute Vergleichbarkeit der erhobenen Angaben über mehrere Personen, Messzeitpunkte und Durchführungskontexte. Ebenso ist eine hohe Auswertungsobjektivität vorhanden, da mittels Schablone oder maschineller Auswertung die Daten ausgewertet werden können. Jedoch sehen die Autoren auch Nachteile in der vollstandardisierten Form der Befragung, da durch unflexible Antwortmöglichkeiten des Fragebogens, zusätzliche und umfangreiche Informationen von den Befragungspersonen verborgen bleiben und somit nur eine eingeschränkte Aussagekraft der Daten gewonnen werden kann.

Raithel (2008, S.67) ergänzt die Vorteile der schriftlichen Befragung noch mit geringem Material-, Zeit- und Personalaufwand, da das Verfahren beispielsweise auch in Gruppen durchführbar ist. Ebenfalls fallen keine Kosten für Interviewerschulungen an und Interviewerverzerrungen sind kein Problem. Die Befragten haben ausreichend Zeit und können die Fragen in Ruhe durchdenken. Nachteile sieht Raithel in der mangelnden Kontrollierbarkeit in der Befragungssituation, da beispielsweise andere Personen die Antworten der Befragten beeinflussen können und das bei Verständnisproblemen keine Hilfe in Form von direktem Nachfragen erfolgen kann.

Bortz und Döring (2016, S.398-399) ergänzen die Vorteile der schriftlichen Befragung mit einer hohen Auswahl an Stichproben, der regionalen Unabhängigkeit und das eine gute statistische Auswertung der Daten möglich ist. Ebenso sehen die Autoren in der schriftlichen Befragungsform noch einen Vorteil in der Anonymität, dass ein wesentlicher Aspekt für Befragte ist, da er mehr Diskretion, gerade bei intimen oder heiklen Themen, bietet. Auch die Bereitschaft einen Fragebogen auszufüllen, ist höher, als einen Termin für ein Interview zu vereinbaren. Nachteile liegen Ihrer Ansicht nach, bei der erforderlichen Lese – und Schreibkompetenz der Befragten und das ausführliche Informationen durch die geschlossene Fragenform ausbleiben.

Atteslander (2010, S.157) bemängelt an der schriftlichen Befragung, dass die Repräsentativität durch fehlende Antworten und auslassen von Fragen nicht erfüllt wird und eine sehr geringe Rücklaufquote aufweist.

2.2 Vor- und Nachteile von Onlinebefragungen

Nach Wright (2005) hat die Onlinebefragung die Vorteile, dass sie kostengünstig, Zeit sparend und regional unabhängig durchführbar ist. Ebenso ist der Einsatz von multimedialen Elementen, wie Audio- und Videosequenzen, möglich und es erfolgt eine automatische Datenerfassung. Zudem bietet das Verfahren eine gute und einfache Erreichbarkeit der Zielgruppen. Nachteile sind sogenannte Sampling Issues, da es schwierig ist die Stichprobe sicher zu stellen. Zudem gibt es ungleiche Zugangsvoraussetzungen, sowie technische Umsetzungsprobleme und multiple Teilnahmen, die das Umfrageergebnis verzerren und beeinflussen.

Bortz und Döring (2016, S.414) sehen die Vorteile bei Onlinebefragungen im Teilnehmermanagement, in der geordneten Präsentation des Fragebogens, in der Dokumentation der Antworten sowie in der automatischen Filterführung und dem automatischen Ausfüllen von Zeit und Datum. Zudem erwähnen die Autoren, das in der laufenden Befragung häufig Zwischenergebnisse und Vollständigkeits- sowie Plausibilitätschecks möglich sind und auch Fortschrittsbalken angezeigt werden können, um den noch zu beantwortenden Restaufwand anzuzeigen.

Atteslander (2010, S.166-167) nennt noch weitere Nachteile der Onlinebefragung. Der Autor sieht in der modernen Fragebogenmethode das Problem, dass es nur die Probanden erreicht, die auch elektronisch erreichbar sind und denen der Umgang mit der Technik nicht fremd ist, sowie das Onlinebefragungen eine hohe Abbruchquote aufweisen oder Fragen nicht beantwortet werden, was die Repräsentativität der Methode kippt.

2.3 Maßnahmen zur Rücklaufquotensteigerung

Unter Rücklaufquote verstehen, Bortz und Döring (2016, S.412), „die Anzahl der ausgefüllten Fragebögen nach Abschluss der Erhebungsphase, relativiert an der Anzahl aller ausgeteilten Fragebögen". Die Autoren nennen hier eine Rücklaufquote von ca. 5%- 40%, die von vielen Faktoren abhängig ist, wie beispielsweise uninteressante Themen, eine schwierige Zielpopulation, ein ungünstiger Befragungszeitpunkt, eine Übersättigung an Onlineumfragen oder eine schlechte Strukturiertheit und Bedienbarkeit des Fragebogens sowie die Art und Anzahl der Incentivierungen oder Nachfassaktionen. Besonders postalische Befragungen haben, nach den Angaben der Autoren, eine schlechte Rücklaufquote (Bortz & Döring, 2016, S.412-415).

Um den Rücklauf der Fragebogenstudien zu verbessern, sind mehrere Möglichkeiten geboten, die positiven Einfluss auf diesen nehmen können. Kastin (2008, S.33-34) nennt hierzu beispielsweise die Vorselektion der Befragten sowie eine Vorankündigung der Studie, um schon im Voraus über die Umfrage zu informieren und die ausgewählten Probanden darauf einzustimmen. Ebenso sind ein ansprechendes Anschreiben und das Layout des Fragebogens sowie das Timing der Befragung sehr entscheidende Aspekte. Er zählt auch Nachfassaktionen als Möglichkeit auf, um noch die ein oder andere Antwort zu erhalten. Dabei handelt es sich um höfliche Erinnerungsschreiben oder - telefonate, die den Probanden nochmals an die Befragung erinnern sollen. Nach den Autoren Bortz und Döring (2016, S.415) lässt sich der Rücklauf beispielsweise durch ein Angebot über die Rückmeldung der Studienergebnisse oder Incentives (z.B. Verlosungen, kleine Präsente oder attraktive Preise) verbessern, da dadurch das Interesse und die Bereitschaft an der Teilnahme erhöht wird.

Nach Helm (2008, S.264) sind sogenannte Rücklaufprotokolle sehr praktisch und können den Rücklauf genaustens dokumentieren. Zudem sind solche Protokolle wissenschaftlich unerlässlich, um die intersubjektive Nachvollziehbarkeit zu gewährleisten. Deshalb sollte der Fragebogenrücklauf in Form von Rücklaufkurven oder -statistik umfassend erläutert und dargestellt werden.

Im Folgenden wird ein blanko Rücklaufprotokoll als Beispiel dargestellt:

Versendete Fragebogen	absolut	%
Rücklauf (brutto)		
Irrläufer (falsche Adressen)		
aussortiert wg. fehlender Angaben		
Einsendung nach Stichtag		
ausgewertete Fragebögen		

Tabelle 1: Rücklaufprotokoll (blanko)
(Quelle: Eigene Darstellung in Anlehnung an Helm, S.264)

Allgemein kann bei beiden Befragungsformen schon bei der Konzipierung des Fragebogens darauf geachtet werden, eine angemessene Gesamtlänge, eine einfache Sprache und Ausdrucksweise sowie eine ansprechende Struktur des Fragebogens zu wählen. Ein zusätzlich entscheidender Faktor ist die Auswahl der richtigen Zielgruppe für entsprechende Untersuchungsthemen, um generelles Interesse an den Befragungsstudien sicher zu stellen.

Laut Bortz und Döring (2016, S.416) ist „bei internetaffinen Zielgruppen [...] der Rücklauf bei Online- Umfragen hingegen deutlich über dem Rücklauf postalischer Umfragen", so dass die Autoren empfehlen bei größeren Umfragen eine Kombination aus beiden Befragungsmethoden zu verwenden, um den Rücklauf zu steigern.

Teilaufgabe – A3

3.1 Einsatzgebiete des Mann- Whitney U- Tests

Der Mann- Whitney U-Test, auch Wilcoxon- Rangsummen- Test genannt, wurde von Henry Mann und Donald Whitney konzipiert und ist ein nicht-parametrisches bzw. verteilungsfreies Verfahren (Bortz & Schuster, 2010, S.130). Er findet Anwendung, wenn die Voraussetzungen für die parametrischen Verfahren verletzt werden, da er weniger strenge Anforderungen an die Verteilung der Merkmale der Grundgesamtheit stellt und ist daher das effiziente Äquivalent des t- Tests bzw. der Varianzanalyse, wenn die abhängige Variable nicht normalverteilt ist. Der U-Test wird primär zur Analyse von ordinalskalierten Daten und unabhängigen Samples eingesetzt (Rasch, Friese, Hofmann & Naumann, 2014, S.93-94). „Es [geht grundsätzlich] um den Vergleich zweier Stichproben hinsichtlich ihrer zentralen Tendenz." (vgl. Bortz & Schuster, 2010, S.130) und prüft, ob die Unterschiede bezogen auf die unabhängige Variable zufällig oder systematisch aufgetreten sind (Rasch et al., 2014, S.94).

3.2 Die ausführliche Testdarstellung

Der U- Test arbeitet, wie aus Abschnitt 3.1 hervorgeht, auf der Basis von der Rangierung der Daten. Die Signifikanzprüfung erfolgt unter der Annahme der H_0-Nullhypothese, die angibt, dass kein Unterschied in der Rangplatzüber- und Rangplatzunterschreitung der beiden Stichproben vorliegt. Die H_1-Alternativhypothese kann je nach inhaltlicher Fragestellung gerichtet oder ungerichtet formuliert sein. Mithilfe der Rangplatzinformationen berechnet der U-Test die Prüfgröße U. Der U- Wert ermöglicht dann eine Aussage, ob sich beide Gruppen in der Rangplatzverteilung signifikant voneinander unterscheiden. Unter Annahme der Nullhypothese sollten diese beide U- Prüfgrößen identisch sein (Rasch et al., 2014, S.95). Grundsätzlich ist das Verfahren dem t-Test für unabhängige Stichproben, laut Autoren Rasch et al. (2014, S.94), vorzuziehen, wenn die Varianzhomogenitätsannahme verletzt ist, die Qualität intervallskalierter Daten zweifelhaft ist und die Daten keiner Normalverteilung unterliegen.

Im ersten Schritt des Tests wird jeder Versuchsperson aufgrund ihres Messwertes auf der abhängigen Variable ein Rangplatz zugeordnet. Die absoluten Abstände zwischen den Messwerten werden dabei nicht berücksichtigt. Der rechnerische Abstand der Ränge ist genau eins und erzeugt eine künstliche Äquidistanz, die es ermöglicht beispielsweise einen Summen- oder Mittelwert zu bilden (Rasch et al. 2014, S.93-94). Bei der Zuweisung der Ränge kann es außerdem passieren, dass zwei Untersuchungseinheiten genau den gleichen Wert auf der abhängigen Variable aufweisen. Beispielsweise weisen Rang 10 und 11 den gleichen Messwert aus und erhalten somit beide den mittleren Rangplatz 10,5. Dieser Vorgang wird „verbundene Ränge" bezeichnet (Bortz & Schuster, 2010, S.132). Da sich die Streuung der Stichprobenkennwerteverteilung in diesem Fall ändert, muss zur Berechnung die Formel für σ_U korrigiert werden (siehe Abschnitt 3.3.) (Rasch et al., 2014, S.101).

Schließlich werden durch aufsummieren der Ränge für beide Gruppen Rangsummen gebildet. Diese Informationen verarbeitet der U-Test in der Teststatistik und ermittelt die Prüfgröße, genannt U-Wert, die eine Aussage erlaubt, ob sich die beiden unabhängigen Stichproben in der Rangplatzverteilung signifikant voneinander unterscheiden (Rasch et al., 2014, S.95). Laut Rasch et al. (2014, S.99) kann eine Signifikanzprüfung erfolgen, „wenn eine der Stichproben n1 oder n2 größer als 20 ist und sich n1 und n2 nicht stark unterscheiden, nähert sich die Kennwerteverteilung der U-Werte einer Normalverteilung an. Das ermöglicht es, die Standardnormalverteilung als Prüfverteilung heranzuziehen." Es wird der z- Wert ermittelt. Bei einer kleinen Stichprobe muss für die Signifikanzprüfung der U- Wert mit einem kritischen U-Wert verglichen werden (Bortz & Schuster, 2010, S. 132). Final können die Ergebnisse zur Beurteilung der Test- oder Effektstärke durch Prozeduren der parametrischen Verfahren errechnet werden (Rasch et al.,2014, S.104). In den folgenden Abschnitten 3.3, 3.4 und 3,5 wird das Vorgehen des U-Tests anhand einer fiktiven Beispielrechnung und der SPSS- Menü- und Testdurchführung erläutert, veranschaulicht und ausgewertet.

3.3 Beispiel und Testanwendung

Ein Sportmediziner hat 12 Wochen lang ein neues Diätpräparat, namens SuperSlim®, getestet und möchte nun die Ergebnisse der Gewichtsabnahmen von Männern (Gruppe 1; 12 Personen) und Frauen (Gruppe 2; 14 Personen) vergleichen. Er behauptet, dass die Männer mehr Gewicht verloren haben als die Frauen. Um diese These zu belegen formuliert der Sportmediziner eine einseitige bzw. gerichtete Hypothese für seine Untersuchung, die wie folgt lautet:

H_1- Alternativhypothese= Die Gewichtsreduktion von Männern ist höher als die von Frauen innerhalb 12 Wochen.

H_0- Nullhypothese = Die Gewichtsreduktion von Männern ist gleich bzw. nicht höher als die von Frauen innerhalb von 12 Wochen.

Es folgt, in Tabelle 2, ein fiktiver Datensatz in aufsteigender Reihenfolge für alle 26 Messwerte, von zwei unabhängigen Stichproben, ohne verbundene Ränge:

	Gruppe 1 (Männer)		Gruppe 2 (Frauen)	
Anzahl	Kilogramm (kg)	Rang	Kilogramm (kg)	Rang
1	4,9	5	3,8	1
2	5,8	7	4,2	2
3	6,5	9	4,4	3
4	6,8	10	4,6	4
5	7,2	14	5,2	6
6	7,8	17	6,4	8
7	8,1	20	6,9	11
8	8,5	22	7,0	12
9	8,8	23	7,1	13
10	9,2	24	7,3	15
11	9,5	25	7,4	16
12	9,8	26	7,9	18
13			8,0	19
14			8,2	21

Tabelle 2: Datensatz zum Gewichtsreduktionsvergleich zweier Stichproben
(Quelle: Eigene Darstellung)

Im ersten Schritt des Tests werden die Ränge aufsummiert und die Rangsummen T_1 und T_2 gebildet (Rasch et al., 2014, S.96):

$$T_{1=} r_1 + r_2 + r_3 + \cdots r_n \qquad \text{und} \qquad T_{2=} r_1 + r_2 + r_3 + \cdots r_n$$

Für das Beispiel ergeben sich daher folgende Ergebnisse: $T_1 = 202$; $T_2 = 149$

Es können anschließend die durchschnittlichen Rangplätze errechnet werden:

$$R_1 = \frac{T_1}{n_1} \qquad \text{und} \qquad R_2 = \frac{T_2}{n_2}$$

In diesem Beispiel sind $R_1 = 16{,}83$ und $R_2 = 10{,}64$. Mögliche Unterschiede in der Gewichtsreduzierung beider Gruppen werden hier deutlich (Bortz & Schuster, 2010, S.131).

Es folgt die Berechnung des U bzw. U' Wertes (Rasch et al., 2014, S.97):

$$U = n_1 \cdot n_2 + \frac{n_1 \cdot (n_1+1)}{2} - T_1 \qquad \text{und} \qquad U' = n_1 \cdot n_2 + \frac{n_2 \cdot (n_2+1)}{2} - T_2$$

Für das Beispiel ergeben sich folgende Ergebnisse: U= 44; U'= 124

Hier wird die häufigere Rangplatzunterschreitung der Frauen deutlich.

Unter Berücksichtigung der H_0 (U=U') lässt sich ein mittlerer U-Wert berechnen (Rasch et al.,2014, S.98):

$$\mu_U = \frac{n_1 \cdot n_2}{2}$$

Für das Beispiel ergibt sich folgendes Ergebnis: $\mu_U = 84$

Alle denkbaren U- Werte sind symmetrisch um den unter der H_0 (U=U') zu erwartenden Mittelwert μ_U verteilt (Rasch et al., 2014, S.99).

Die Formel zur Streuung der U-Werte um den Mittelwert μ_U lautet (Rasch et al., 2014, S.99):

$$\sigma_U = \sqrt{\frac{n_1 \cdot n_2 \cdot (n_1 + n_2 + 1)}{12}}$$

Für unverbundene Ränge ergibt sich für $\sigma_U = 19{,}44$.

Im Fall von verbundenen Rängen muss die vorangegangene Formel für σ_U korrigiert werden, da sich die Streuung der Stichprobenkennwerteverteilung ändert (Rasch et al., 2014, S.101). Sie lautet dann wie folgt:

$$\sigma_{Ucorr} = \sqrt{\frac{n_1 \cdot n_2}{N \cdot (N-1)}} \cdot \sqrt{\frac{N^3 - N}{12} - \sum_{i=1}^{k} \frac{t_i^3 - t_i}{12}}$$

Es erfolgt die Berechnung des transformierten Ausprägungsgrades z_U (Rasch et al., 2014, S.102):

$$z_U = \frac{U - \mu_U}{\sigma_U}$$

Für das vorliegende Beispiel ergibt sich folgendes Ergebnis: $z_U = -2{,}057$

Das Ergebnis der Untersuchung weist einen z- Wert von -2,057 auf. In SPSS gibt das Ausgabefenster (siehe Anlage 3) jedoch eine zweiseitige Signifikanzprüfung von 0.040 an, die bei einseitiger Testung eine Halbierung des p- Werts ($\frac{p}{2}$) erfordert (Rasch et al., 2014, S.100). Im vorliegenden Beispiel ist auch eine einseitige Fragestellung formuliert und proklamiert nicht nur einen irgendwie gearteten Unterschied zwischen beiden Geschlechtern, sondern es wird die Leistung der Männergruppe als höher vorausgesagt. Das Ergebnis ist signifikant und ergibt für p≈0.020.

Die berechnete Wahrscheinlichkeit ist somit kleiner als das Signifikanzniveau α=0.05. Der z- Wert schneidet mindestens 98% der Fläche unter einer Standardnormalverteilung nach rechts ab und liegt, nach der Tabelle von Glass und Stanley (1970), bei p≈0.020. Die U-Werte können über z- Werte geprüft werden. Der kritische z-Wert für α= 0.05 beträgt z= -1,65 (Glass & Stanley, 1970, S.513-514), somit ist der Betrag des empirischen z- Werts z_U=-2,057 größer als der kritische z- Wert. Die Nullhypothese kann verworfen und die Alternativhypothese angenommen werden.

3.4 SPSS- Testdurchführung

Nachfolgend wird mittels bildhafter Erläuterung die Mann- Whitney U-Test Durchführung in SPSS dargestellt. Zunächst ist der Datensatz in SPSS in einer Datentabelle (siehe Abbildung 1) einzutragen und die Variablen zu definieren.

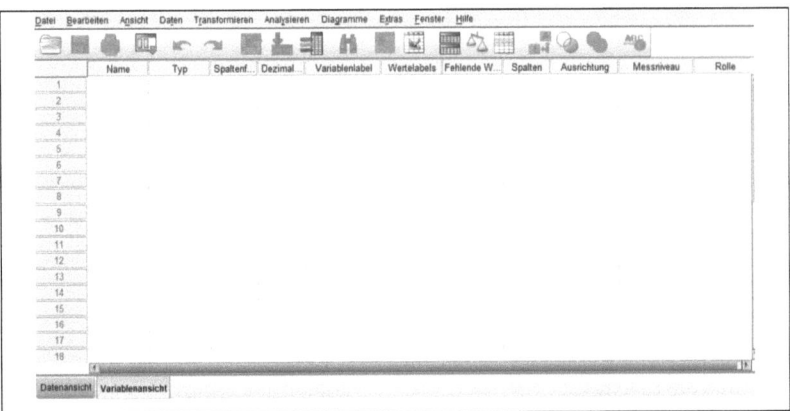

Abbildung 1: SPSS- Datentabelle
(Quelle: Eigene Darstellung)

Ist die Dateneingabe erfolgt, wird der U- Test in SPSS unter <Analysieren-> Nicht-parametrische Tests-> Alte Dialogfelder -> zwei unabhängige Stichproben> aufgerufen (Budischewski & Kriens,2015, S.86).

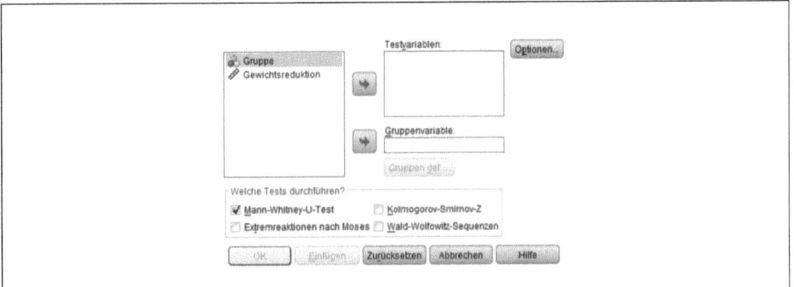

Abbildung 2: SPSS- Mann- Whitney U-Test, Hauptfenster
(Quelle: Eigene Darstellung)

In das Feld „Testvariablen" (siehe Abbildung 2) wird, wie im vorangegangenen Beispiel, die „Gewichtsreduktionsdaten" hinzugefügt. Die Geschlechter werden im Feld „Gruppenvariable" eingefügt. Durch klicken auf <Gruppen def.> öffnet sich ein Fenster (siehe Abbildung 3), das zur Kodierung der Gruppen auffordert.

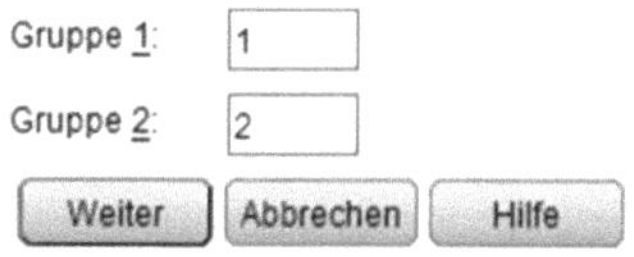

Gruppe 1: `1`

Gruppe 2: `2`

[Weiter] [Abbrechen] [Hilfe]

Abbildung 3: SPSS Gruppen definieren, Mann- Whitney U-Test
(Quelle: Eigene Darstellung)

Hier werden, wie in diesem Beispiel, die Gruppen nach ihrem Geschlecht (Männer= 1 und Frauen= 2) kodiert und hinzugefügt. Bestätigt wird dieser Vorgang mit <Weiter> und dann mit <OK>.

SPSS wird dann mit der Berechnung des Mann- Whitney U-Tests starten und zu folgendem Ausgabefenster (siehe Abbildung 4) wechseln:

Mann-Whitney-Test

Ränge

	Geschlecht	N	Mittlerer Rang	Rangsumme
Gewichtsabnahme	Männer	12	16,83	202,00
	Frauen	14	10,64	149,00
	Gesamt	26		

Statistik für Test[a]

	Gewichtsabnahme
Mann-Whitney-U	44,000
Wilcoxon-W	149,000
Z	-2,057
Asymptotische Signifikanz (2-seitig)	,040
Exakte Signifikanz [2*(1-seitig Sig.)]	,041[b]

a. Gruppenvariable: Geschlecht
b. Nicht für Bindungen korrigiert

Abbildung 4: SPSS Ausgabefenster, Mann- Whitney U-Test
(Quelle: Eigene Darstellung)

Aus den Tabellen können dann die Ergebnisse der Untersuchung entnommen und zur Bewertung herangezogen werden. Der relevanteste Wert ist im Ausgabefenster „Teststatistiken" ausgewiesen. Es ist der Wert der „asymptotischen Signifikanz (2-seitig)". Ist das Ergebnis des Tests kleiner als $p= 0.05$, ist das Ergebnis signifikant und die Nullhypothese kann abgelehnt werden (Budischewski & Kriens, 2015, S.88). Bei einseitiger Fragestellung ist eine Halbierung des zweiseitigen p- Werts erforderlich (Rasch et al., 2014, S.100).

3.5 Fazit

Im vorliegenden Beispiel kann der Sportmediziner die Alternativhypothese annehmen und die Arbeitshypothese verwerfen. Die Wahrscheinlichkeit, dass sich die Gewichtsreduktion der Männer per Zufall ergeben hat, ist mit $p= 0.020$, wiederlegt. Das Ergebnis ist signifikant und die Irrtumswahrscheinlichkeit liegt weit unter dem 5%-Signifikanzniveau. Damit die Ergebnisse nicht nur auf ihre statistische Signifikanz, sondern auch auf ihre praktische Bedeutsamkeit interpretiert werden können, kann auf parametrische Tests oder unterschiedlich-standardisierte Effektgrößenmaße zurückgegriffen werden, da die verteilungsfreien Verfahren keine eigenen Konzepte zur Messung der Test- oder Effektstärke sowie zur Stichprobenumfangsplanung besitzen (Rasch et al., 2014, S.104). Allgemein empfehlen die Autoren Rasch et al. (2016, S.102), das bei entsprechenden Voraussetzungen die parametrischen Verfahren vorzuziehen sind, da sie für die Ergebnisse mehr Informationsgehalt, weitreichendere Aussagen sowie meist eine höhere Teststärke bieten.

Projekt

„Messung der Unternehmensreputation"

Fragebogen – Reputationsmessung für
-Löhr – Automobile GmbH in Daun-
im Jahr 2017

Auftraggeber: XX GmbH, Daun
Forschungsinstitut: SRH – Hochschule, Riedlingen

Riedlingen, den 07.01.2018

Liebe Teilnehmerin, lieber Teilnehmer,

vielen Dank im Voraus für Ihre Bereitschaft und Zeit an der vorliegenden schriftlichen Befragung teilzunehmen.

Wie Sie schon vorab per Email über die Studie informiert wurden, soll mit dem beigefügten Fragebogen die Unternehmensreputation (d.h. der Ruf des Unternehmens) von XX GmbH in Daun des Geschäftsjahres 2017 gemessen werden.

Diese Untersuchung wird im Interesse des Qualitätsmanagements des Unternehmens durchgeführt. Daher ist Ihre Meinung sehr bedeutend und hilft die Stärken und Schwächen des Unternehmens in den einzelnen Teilabschnitten von A – D des Fragebogens aufzuzeigen.

Lassen Sie sich ausreichend Zeit für die Beantwortung und lesen Sie bitte immer zunächst die Hinweise über den Frageblöcken. Grundsätzlich gibt es keine richtigen oder falschen Antworten, denn hier ist ausschließlich ihre Meinung gefragt. Falls Sie keine wirkliche Einschätzung zu einem Sachverhalt abgeben können, nutzen Sie bitte die Kategorie „ich weiß nicht". Der Fragebogen umfasst eine Beantwortungszeit von ca. 10-15 min.

Ihre Angaben werden selbstverständlich vertraulich und anonym behandelt. Die Teilnahme ist freiwillig. Es erfolgt keine Weitergabe an Dritte. Die Angaben im Abschnitt „Angaben zur Person" dienen ausschließlich für statistische Zwecke. Nach Rücksendung aller Befragungen werden diese wissenschaftlich ausgewertet. Sie können bei Interesse am Ende des Fragebogens Ihre Emailadresse hinterlassen, um über die Ergebnisse informiert zu werden.

Der Einsendeschluss ist der -15.02.2018-.
(Bitte verwenden Sie den beigefügten frankierten Rückumschlag.)

Vielen Dank für Ihre Unterstützung.

Ihr Ansprechpartnerin bei Rückfragen!

Zur allgemeinen Information

Hier ist eine kurze und prägnante Übersicht des Fragebogens.

Zum Einstieg

Teil A – Vertrauen

Teil B- Attraktivität

Teil C- Qualität

Teil D- Performance

Schlussfrage

Angaben zur Person

Die Bearbeitungszeit beträgt ca. 10-15 min.

Bitte beachten Sie die Hinweise unter den Fragen zur Beantwortung!

Bitte senden Sie den vollständig ausgefüllten Fragebogen im beigefügten Rückumschlag bis spätestens -15.02.2018- an uns zurück. Vielen Dank.

Zum Einstieg

Kreuzen Sie bitte zutreffendes Feld an, das Ihrer Kontaktaufnahme mit XX GmbH in Daun am nächsten kommt. Falls Sie Mitarbeiter des Unternehmens sind, kreuzen Sie bitte das Feld „Mitarbeiter" an.

Frage 1

Wie häufig hatten Sie im Jahr 2017 Kontakt mit XX in Daun?

Hinweis: Als Kontakt wird hier der „vor Ort" und der „telefonische" Kontakt gewertet?

Sehr oft	oft	gelegentlich	selten	Mitarbeiter

Teil A: Verantwortung

Dieser Teil des Fragebogens konzentriert sich auf den Umgang mit Verantwortungsaspekten von XX GmbH in Daun von 2017.

Frage 2				
Würden Sie XX GmbH in Daun ein faires Wettbewerbsverhältnis am Markt zuschreiben?				
Hinweis: Bitte kreuzen Sie <u>ein</u> entsprechendes Feld an!				
sehr	ziemlich	eher nicht	gar nicht	ich weiß nicht

Frage 3				
Wie schätzen Sie die Aussage ein, dass XX GmbH in Daun „Nicht nur an Profit denkt"?				
Hinweis: Bitte kreuzen Sie <u>ein</u> entsprechendes Feld an!				
sehr	ziemlich	eher nicht	gar nicht	ich weiß nicht

Frage 4				
Würden Sie XX GmbH in Daun mit gesellschaftlicher Verantwortung in Verbindung bringen?				
Hinweis: Bitte kreuzen Sie <u>ein</u> entsprechendes Feld an!				
sehr	ziemlich	eher nicht	gar nicht	ich weiß nicht

Frage 5				
Würden Sie sagen, dass XX GmbH in Daun ein aktives Engagement für die Umwelt leistet?				
Hinweis: Bitte kreuzen Sie <u>ein</u> entsprechendes Feld an!				
sehr	ziemlich	eher nicht	gar nicht	ich weiß nicht

Frage 6				
Würden Sie sagen, dass XX GmbH in Daun Ihnen immer aufrichtige Informationen erteilt hat?				
Hinweis: Bitte kreuzen Sie entsprechendes Feld an!				
sehr	ziemlich	eher nicht	gar nicht	ich weiß nicht

Teil B: Attraktivität

Dieser Teil des Fragebogens konzentriert sich auf die Attraktivität als Arbeitgeber von XX GmbH in Daun.

Frage 7

Würden Sie die Mitarbeiter von XX GmbH als hochqualifiziert einstufen?

Hinweis:
Wenn Sie Mitarbeiter von XX GmbH sind, lassen Sie die Frage bitte aus und fahren bei „Frage 9" mit Ihrer Beantwortung fort! Vielen Dank.

Bitte kreuzen Sie ein entsprechendes Feld an!

sehr	ziemlich	eher nicht	gar nicht	ich weiß nicht

Frage 8

Könnten Sie sich XX GmbH in Daun als zukünftigen Arbeitgeber vorstellen?

Hinweis:
Wenn Sie Mitarbeiter von XX GmbH sind, lassen Sie die Frage bitte aus und fahren bei „Frage 9" mit Ihrer Beantwortung fort! Vielen Dank.

Bitte kreuzen Sie ein entsprechendes Feld an!

sehr	ziemlich	eher nicht	gar nicht	ich weiß nicht

Frage 9

Wie gefällt Ihnen das gesamte Erscheinungsbild von XX GmbH in Daun?

Hinweis: Bitte kreuzen Sie ein entsprechendes Feld an!

sehr	ziemlich	eher nicht	gar nicht	ich weiß nicht

Frage 10

Würden Sie das Lohn- und Leistungssystem von XX GmbH in Daun als fair einstufen?

Hinweis: Bitte kreuzen Sie ein entsprechendes Feld an!

sehr	ziemlich	eher nicht	gar nicht	ich weiß nicht

Teil C: Qualität

Dieser Teil des Fragebogens möchte die qualitativen Aspekte von XX GmbH in Daun bewerten.

Frage 11

Wie gefällt Ihnen die Qualität der Produkte von XX GmbH in Daun?

Hinweis: Bitte kreuzen Sie ein entsprechendes Feld an!

sehr	ziemlich	eher nicht	gar nicht	ich weiß nicht

Frage 12

Wie gefällt Ihnen die Qualität des Service von XX GmbH in Daun?

Hinweis: Bitte kreuzen Sie ein entsprechendes Feld an!

sehr	ziemlich	eher nicht	gar nicht	ich weiß nicht

Frage 13

Wie gefällt Ihnen das Preis- Leistungsverhältnis von XX GmbH in Daun?

Hinweis: Bitte kreuzen Sie ein entsprechendes Feld an!

sehr	ziemlich	eher nicht	gar nicht	ich weiß nicht

Frage 14

Bewerten Sie bitte folgende Aussagen zu Löhr-Automobile GmbH in Daun.

Hinweis: Bitte setzen Sie ein Kreuz pro Aussage!

		trifft völlig zu	trifft zu	trifft teilweise zu	trifft gar nicht zu	ich weiß nicht
A	gutes Serviceangebot					
B	Kundenwunsch nicht im Fokus					
C	verlässlicher Partner					
D	kein vertrauenswürdiges Unternehmen					
E	Respekt vor Leistungen					
F	eher Vorreiter als Mitläufer					

Teil D: Performance

Dieser Teil des Fragebogens möchte die allgemeine Performance des Unternehmens am Markt im Jahr 2017 von XX GmbH in Daun einschätzen.

Frage 15						
Bewerten Sie bitte folgende Aussagen zu XX GmbH in Daun.						
Hinweis: Bitte setzen Sie ein Kreuz pro Aussage.						
		trifft völlig zu	trifft zu	trifft teilweise zu	trifft gar nicht zu	ich weiß nicht
A	sehr gut geführt					
B	wirtschaftlich nicht stabil					
C	überschaubare Risiken					
D	kein Wachstumspotential					
E	klare Zukunftsvorstellung					

Schlussfrage
Ihre persönliche Einschätzung zum Unternehmen ist gefragt.

Frage 16				
Wie schätzen Sie den „Ruf" von XX GmbH in Daun ein?				
Hinweis: Bitte kreuzen Sie ein entsprechendes Feld an!				
sehr gut	gut	befriedigend	schlecht	ich weiß nicht

Angaben zur Person
Diese Angaben dienen ausschließlich dem statistischen Zweck.

	Hinweis: Bitte füllen Sie die freien Felder aus und kreuzen zutreffendes für Sie an. Vielen Dank.		
Name			
Alter			
Datum/ Uhrzeit			
Geschlecht	O weiblich		O männlich
Beziehung zum Unternehmen	O Mitarbeiter	O Kunde	O Lieferant

Herzlichen Dank für Ihre Teilnahme bei dieser Befragung!

Bitte nutzen Sie das anschließende freie Feld für Fragen, Verbesserungsvorschläge oder Kritik. Wir freuen uns über Ihre Anregungen.

Vielen Dank!

Kommentare zum Fragebogen!

Falls Sie Interesse an einem Feedback der Befragungsergebnisse haben, hinterlassen Sie uns hier Ihre Email- Adresse. Sie werden nach der Auswertung der Ergebnisse umgehend benachrichtigt und informiert.

Email: _____

Anlage 3: Mann- Whitney U- Test, Ausgabe

```
NPAR TESTS/M-W= Gewichtsabnahme BY Geschlecht(1 2)
  /MISSING ANALYSIS.
```

Nichtparametrische Tests

```
[DatenSet0]
```

Mann-Whitney-Test

Ränge

	Geschlecht	N	Mittlerer Rang	Rangsumme
	Männer	12	16,83	202,00
Gewichtsabnahme	Frauen	14	10,64	149,00
	Gesamt	26		

Statistik für Test[a]

	Gewichtsabnahme
Mann-Whitney-U	44,000
Wilcoxon-W	149,000
Z	-2,057
Asymptotische Signifikanz (2-seitig)	,040
Exakte Signifikanz [2*(1-seitig Sig.)]	,041[b]

a. Gruppenvariable: Geschlecht

b. Nicht für Bindungen korrigiert.

Literaturverzeichnis

Atteslander, Peter (2010): Methoden der empirischen Sozialforschung. 13., neu bearbeitete und erweiterte Auflage. Berlin: Erich Schmidt Verlag (ESV basics).

Bortz, Jürgen; Schuster, Christof (2010): Statistik für Human- und Sozialwissenschaftler. Extras online. Limitierte Sonderausgabe, 7., vollständig überarbeitete und erweiterte Auflage. Berlin, Heidelberg: Springer (Springer-Lehrbuch).

Budischewski, K; Kriens, K. (2015): SPSS für Einsteiger. Einführung in die Statistiksoftware für die Psychologie. 1.Auflage., Weinheim: Beltz Verlag, Basel

Bürker, Michael (2013): "Die unsichtbaren Dritten". Ein neues Modell zur Evaluation und Steuerung von Public Relations im strategischen Kommunikationsmanagement. Zugl.: München, Univ., Diss., 2011. Wiesbaden: Springer VS.

Döring, Nicola; Bortz, Jürgen (2016): Forschungsmethoden und Evaluation in den Sozial- und Humanwissenschaften. Unter Mitarbeit von Sandra Pöschl. 5. vollständig überarbeitete, aktualisierte und erweiterte Auflage. Berlin, Heidelberg: Springer (Springer-Lehrbuch). Online verfügbar unter http://dx.doi.org/10.1007/978-3-642-41089-5.

Eid, Michael; Gollwitzer, Mario; Schmitt, Manfred (2017): Statistik und Forschungsmethoden. Mit Online-Materialien. 5., korrigierte Auflage. Weinheim, Basel: Beltz.

Glass, G.V. & Stanley, J.C. (1970): Statistical methods in education and psychology. (pp.513-519). Englewood Cliffs: Prentice Hall.

Helm, Sabrina (2008): Unternehmensreputation und Stakeholder-Loyalität. 1. Aufl. s.l.: DUV Deutscher Universitäts-Verlag (neue betriebswirtschaftliche forschung (nbf), v.356). Online verfügbar unter http://gbv.eblib.com/patron/FullRecord.aspx?p=749101.

Kastin, Klaus S. (2008): Marktforschung mit einfachen Mitteln. Daten und Informationen beschaffen, auswerten und interpretieren. Orig.-Ausg., 3., vollst. überarb. und aktualisierte Aufl. München: Dt. Taschenbuch-Verl. (dtv Beck-Wirtschaftsberater, 5846).

Liehr, K./ Peters, P. & Zerfaß, A. (2009): Reputationsmessung: Grundlagen und Verfahren. (communicationcontrolling.de Dossier Nr.1). Berlin/ Leipzig: DPRG/ Universität Leipzig, 2009, Online verfügbar unter: ttp://www.communicationcontrolling.de/fileadmin/communicationcontrolling /pdf- dossiers/communicationcontrollingde_Dossier1_Reputationsmessung_Apr il2009_o.pdf; Zugriff am 19.02.2018.

Porst, Rolf (2014): Fragebogen. Ein Arbeitsbuch. 4., erweiterte Auflage. Wiesbaden: Springer VS (Lehrbuch).

Raab-Steiner, Elisabeth; Benesch, Michael (2015): Der Fragebogen. Von der Forschungsidee zur SPSS-Auswertung. 4., aktualisierte und überarb. Aufl. Wien: Facultas-Verl. (UTB Schlüsselkompetenzen, 8607). Online verfügbar unter http://www.utb-studi-e-book.de/9783838586076.

Raithel, Jürgen (2008): Quantitative Forschung. Ein Praxiskurs. 2., durchgesehene Auflage. Wiesbaden: VS Verlag für Sozialwissenschaften / GWV Fachverlage GmbH Wiesbaden. Online verfügbar unter http://dx.doi.org/10.1007/978-3-531-91148-9.

Rasch, Björn; Friese, Malte; Hofmann, Wilhelm; Naumann, Ewald (2014): Quantitative Methoden 2. Einführung in die Statistik für Psychologen und Sozialwissenschaftler. 4., überarb. Aufl. Berlin: Springer (Springer-Lehrbuch). Online verfügbar unter http://dx.doi.org/10.1007/978-3-662-43548-9.

Schwaiger, M. (2004): Components and Parameters of corporate reputation - an empirial study, in: Schmalenbach Business Review (2004), Nr.56, S.46-71, Zugriff am 09.02.2018.

Seemann, Ralph (2008): Corporate Reputation Management durch Corporate Communications. 1st ed. Göttingen: Cuvillier Verlag. Online verfügbar unter https://ebookcentral.proquest.com/lib/gbv/detail.action?docID=5023407.

Wright, K. B. (2005): Researching Internet-based populations: Advantages and disadvantages of online survey research, online questionnaire authoring packages, and web survey services. Journal of Computer- Mediated Communication, 10(3), article 11.2005; Zugriff am 18.02.2018.

Abbildungsverzeichnis

Tabellenverzeichnis

Anlageverzeichnis